Novena
# VIRGEN del PERPETUO SOCORRO

Por Laila Pita

© Calli Casa Editorial, 2012
Yhacar Trust, 2021

Todos los derechos registrados. Portada: Wikimedia Commons. Prohibida la reproducción total o parcial de esta obra en todo su contenido: texto, dibujos, ideas e ilustraciones de portada, sin autorización por escrito.

❖

www.solonovenas.com
#2500-684

## UN POCO DE HISTORIA

María esposa de José y madre de Nuestro Señor Jesucristo. Fue anunciada por un ángel que llevaría en sus entrañas al Mecías, concebido por medio del Espíritu Santo. Sufre persecución a causa del Niño y aún en medio de sus temores protege a su hijo con verdadero amor. Cuando Jesús era todavía un niño los Ángeles Gabriel y Miguel presentan al pequeño los instrumentos de los sufrimientos que tendría que padecer cuando fuese mayor. Esto fue por medio de una visión, el Niño en su condición de humano mortal, siente mucho miedo y su pequeño cuerpo se estremece ante tales imágenes, aterrado corre en busca de socorro en brazos de su madre, aferrándose con fuerza a su mano protectora. María comprende a su hijo, pero en sus ojos se ve el reflejo del amor por los hombres y su sufrimiento, sobreponiendo el dolor de su hijo y el suyo propio. La Virgen del Perpetuo Socorro se convirtió en la patrona de muchos pueblos en distintos países, donde ha sido venerada con gran devoción por miles de devotos en busca de su amorosa protección.

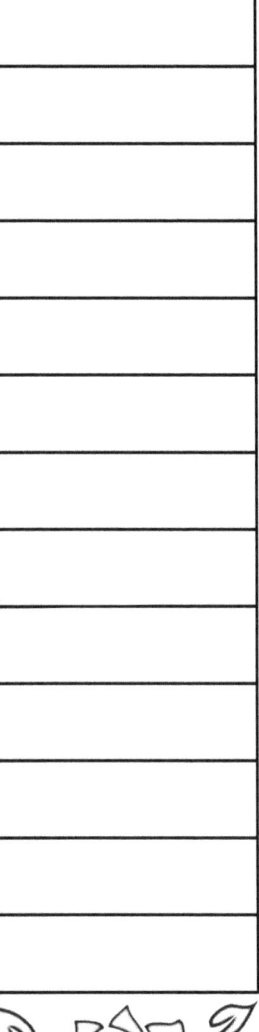

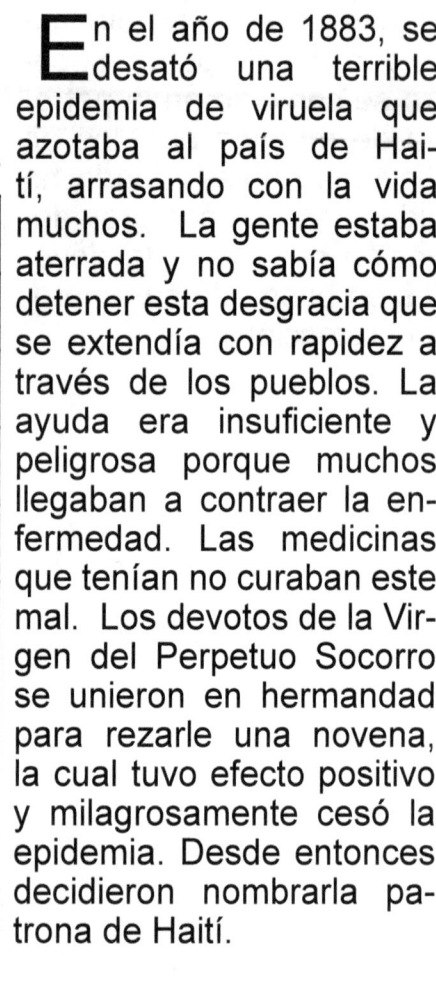

## MILAGRO

En el año de 1883, se desató una terrible epidemia de viruela que azotaba al país de Haití, arrasando con la vida muchos. La gente estaba aterrada y no sabía cómo detener esta desgracia que se extendía con rapidez a través de los pueblos. La ayuda era insuficiente y peligrosa porque muchos llegaban a contraer la enfermedad. Las medicinas que tenían no curaban este mal. Los devotos de la Virgen del Perpetuo Socorro se unieron en hermandad para rezarle una novena, la cual tuvo efecto positivo y milagrosamente cesó la epidemia. Desde entonces decidieron nombrarla patrona de Haití.

## ORACIÓN DIARIA

Virgen del Perpetuo Socorro, madre de nuestro Salvador, dadora de vida, bella como una flor. Intercede por mí ante el Padre Santo, para el perdón de mis pecados y evitar más llanto. Protégeme hermosa Señora y dame tu calor, yo te prometo adorarte con devoción y amor. Tus palabras silenciosas son como del ave el canto, glorioso alimento, dulce como amaranto. Adorada esposa de José, te agradezco este favor, feliz estoy con tu bendita protección, que quita el temor. Eres tierna y de la rosa tienes el encanto.

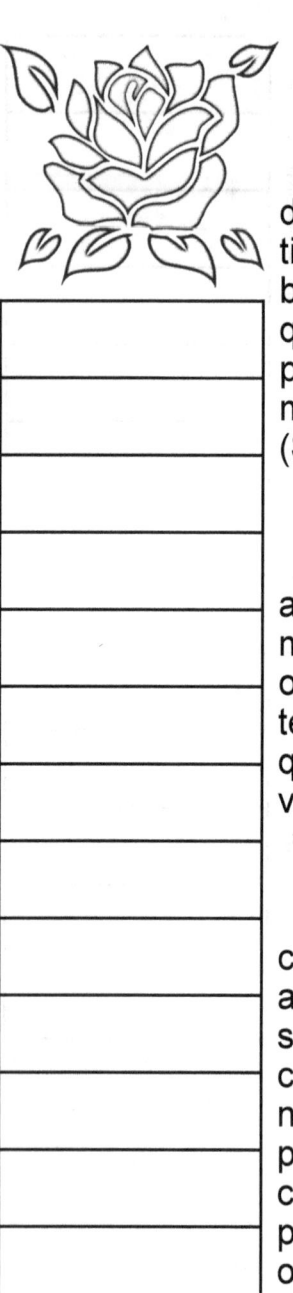

## HAGA SU PETICIÓN

Aquí estoy hincado a tus pies. Con la luz de tus quinqués que no tienen comparación alumbra a este humilde feligrés que viene a hacerte esta petición. Te ruego con todo mi corazón me concedas... (Se hace la petición)

Esto es un asunto de interés te suplico tu atención me des. Concédeme lo que te pido en esta ocasión y con tu divina protección me ayudes, para que seas tú siempre mi salvación.

Padre Nuestro, que estás en el cielo, santificado sea tu nombre; venga a nosotros tu reino; hágase tu voluntad, en la tierra como en el cielo. Danos hoy nuestro pan de cada día; perdona nuestras ofensas, como también nosotros perdonamos a los que nos ofenden; no nos dejes caer en la tentación, y líbranos del mal. Amén.

Dios te salve, María, llena eres de gracia, el Señor es contigo. Bendita tú eres entre todas las mujeres, y bendito es el fruto de tu vientre: Jesús. Santa María, Madre de Dios, ruega por nosotros, pecadores, ahora y en la hora de nuestra muerte. Amén.

Gloria al Padre, al Hijo y al Espíritu Santo. Como era en el principio, ahora y siempre, por los siglos de los siglos. Amén.

## DÍA PRIMERO

En medio de esta oscuridad elevo mis ojos al cielo, para buscar en las alturas el consuelo. Y es que me siento perdido en el mundo, sin seguridad, ni cobijo, como vagabundo. Cuando creo ver amor solo descubro hielo. Te pido a ti Señora mía me libres de este duelo, me acojas en tu regazo de cariño profundo, para sentirme seguro y descansar mi paso errabundo. Deja que enjugue mis lágrimas con tu pañuelo, sentir el calor de tu manto de terciopelo. Bendito tu vientre inmaculado y fecundo.

Padre Nuestro, que estás en el cielo, santificado sea tu nombre; venga a nosotros tu reino; hágase tu voluntad, en la tierra como en el cielo. Danos hoy nuestro pan de cada día; perdona nuestras ofensas, como también nosotros perdonamos a los que nos ofenden; no nos dejes caer en la tentación, y líbranos del mal. Amén.

Dios te salve, María, llena eres de gracia, el Señor es contigo. Bendita tú eres entre todas las mujeres, y bendito es el fruto de tu vientre: Jesús. Santa María, Madre de Dios, ruega por nosotros, pecadores, ahora y en la hora de nuestra muerte. Amén.

Gloria al Padre, al Hijo y al Espíritu Santo. Como era en el principio, ahora y siempre, por los siglos de los siglos. Amén.

## DÍA SEGUNDO

Agraciada Señora hablas poco y dices tanto y aunque sin sonido tus palabras son un canto, es por eso que me acerco con confianza, porque sé que me darás una esperanza. Mi hijo tiene temor como lo tuvo tu hijo Sacrosanto, te suplico lo protejas y le quites el quebranto. No es fácil vivir siempre en bonanza, pero ayúdale a llevarla con templanza. Adorada Virgen tú que has derramado llanto, cúbrelo bajo tu manto, con sencillez acepte tu enseñanza y jamás contra nadie tome venganza.

Padre Nuestro, que estás en el cielo, santificado sea tu nombre; venga a nosotros tu reino; hágase tu voluntad, en la tierra como en el cielo. Danos hoy nuestro pan de cada día; perdona nuestras ofensas, como también nosotros perdonamos a los que nos ofenden; no nos dejes caer en la tentación, y líbranos del mal. Amén.

Dios te salve, María, llena eres de gracia, el Señor es contigo. Bendita tú eres entre todas las mujeres, y bendito es el fruto de tu vientre: Jesús. Santa María, Madre de Dios, ruega por nosotros, pecadores, ahora y en la hora de nuestra muerte. Amén.

Gloria al Padre, al Hijo y al Espíritu Santo. Como era en el principio, ahora y siempre, por los siglos de los siglos. Amén.

## DÍA TERCERO

Bienaventurada María protectora de las causas urgentes, dame tu divina mano, de mí nunca te ausentes. Ayúdame a salir avante en estos momentos de tribulación, seguro estoy de tu sagrada comprensión. Te dedico esta novena porque sé que haces milagros excelentes y vuelves al camino a los que andan ausentes. Hoy estoy sufriendo de intimidación, te ruego buena Señora pongas cordura en sus mentes, ilumínalos para que respeten las leyes vigentes y se inclinen ante ti en acto de contrición y todos tengamos lleno el pecho de consolación.

Padre Nuestro, que estás en el cielo, santificado sea tu nombre; venga a nosotros tu reino; hágase tu voluntad, en la tierra como en el cielo. Danos hoy nuestro pan de cada día; perdona nuestras ofensas,

como también nosotros perdonamos a los que nos ofenden; no nos dejes caer en la tentación, y líbranos del mal. Amén.

Dios te salve, María, llena eres de gracia, el Señor es contigo. Bendita tú eres entre todas las mujeres, y bendito es el fruto de tu vientre: Jesús. Santa María, Madre de Dios, ruega por nosotros, pecadores, ahora y en la hora de nuestra muerte. Amén.

Gloria al Padre, al Hijo y al Espíritu Santo. Como era en el principio, ahora y siempre, por los siglos de los siglos. Amén.

## DÍA CUARTO

Estrella del mar, lucero de luz brillante, eres quién alumbra el camino del caminante. En este momento estoy en peligro de muerte, no quiero poner mi vida en manos de la suerte. Me arrodillo para pedirte salvación en este instante y rogarte con humildad y oración constante y por tu ayuda yo quiero prometerte: alabarte siempre y mi devoción extenderte. Luminaria de bondad y amor vibrante, tu poder milagroso es gigante. Virgen coronada esta novena vengo a ofrecerte, mi amor por ti siempre será fuerte.

Padre Nuestro, que estás en el cielo, santificado sea tu nombre; venga a nosotros tu reino; hágase tu voluntad, en la tierra como en el cielo. Danos hoy nuestro pan de cada día; perdona nuestras ofensas, como también nosotros

perdonamos a los que nos ofenden; no nos dejes caer en la tentación, y líbranos del mal. Amén.

Dios te salve, María, llena eres de gracia, el Señor es contigo. Bendita tú eres entre todas las mujeres, y bendito es el fruto de tu vientre: Jesús. Santa María, Madre de Dios, ruega por nosotros, pecadores, ahora y en la hora de nuestra muerte. Amén.

Gloria al Padre, al Hijo y al Espíritu Santo. Como era en el principio, ahora y siempre, por los siglos de los siglos. Amén.

## DÍA QUINTO

Virgen Santísima del cristiano auxiliadora, del Todo Poderoso Embajadora. Tienes bajo tu custodia las gracias de la redención, voltea tus ojos hacia mi corazón, con tu mirada tranquilizadora. Ruego a ti Reina del cielo, bendita Señora, me evites enfrentar una situación amenazadora. Dame luz para pensar bien, porque la mente es traidora. Siembra en mí la tranquilidad y no me controle la pasión, para resolverlo con satisfacción. Agraciada Estrella encantadora, del que sufre defensora.

Padre Nuestro, que estás en el cielo, santificado sea tu nombre; venga a nosotros tu reino; hágase tu voluntad, en la tierra como en el cielo. Danos hoy nuestro pan de cada día; perdona nuestras ofensas, como también nosotros

perdonamos a los que nos ofenden; no nos dejes caer en la tentación, y líbranos del mal. Amén.

Dios te salve, María, llena eres de gracia, el Señor es contigo. Bendita tú eres entre todas las mujeres, y bendito es el fruto de tu vientre: Jesús. Santa María, Madre de Dios, ruega por nosotros, pecadores, ahora y en la hora de nuestra muerte. Amén.

Gloria al Padre, al Hijo y al Espíritu Santo. Como era en el principio, ahora y siempre, por los siglos de los siglos. Amén.

## DÍA SEXTO

Por ser la Madre del Mecías fuiste bendita. Alabada has sido por tu bondad infinita. Protege a mis padres que son víctimas del dolor, por una pérdida superior, que les explota en el pecho como dinamita, es por eso que tienen el alma contrita, libéralos de este sufrimiento y dales valor, cúrales las heridas mi dulce flor, blanca y pura como margarita, permíteme besar tu vestidura exquisita, nunca me impidas seguir a tu alrededor, quiero recibir eternamente tu calor, luz de tierna mañanita, brillante marquesita.

Padre Nuestro, que estás en el cielo, santificado sea tu nombre; venga a nosotros tu reino; hágase tu voluntad, en la tierra como en el cielo. Danos hoy nuestro pan de cada día; perdona nuestras ofensas, como también nosotros

perdonamos a los que nos ofenden; no nos dejes caer en la tentación, y líbranos del mal. Amén.

Dios te salve, María, llena eres de gracia, el Señor es contigo. Bendita tú eres entre todas las mujeres, y bendito es el fruto de tu vientre: Jesús. Santa María, Madre de Dios, ruega por nosotros, pecadores, ahora y en la hora de nuestra muerte. Amén.

Gloria al Padre, al Hijo y al Espíritu Santo. Como era en el principio, ahora y siempre, por los siglos de los siglos. Amén.

## DÍA SÉPTIMO

Virgen del Perpetuo Socorro, extiende hacía mí tu mano, sácame de este oscuro pantano, no sé cómo salir y me hundo, de la pena de ver a mi hijo como vagabundo, está cada vez del bien más lejano y lleva un comportamiento insano. Rescátalo Madre mía del submundo, porque no quiero verlo moribundo, no sé qué hacer, mi esfuerzo es en vano, hazlo que vuelva al proceder cristiano y nuevamente sea un joven bueno y rubicundo, permite que su vida dé un giro rotundo, con tu bendito amor profundo.

Padre Nuestro, que estás en el cielo, santificado sea tu nombre; venga a nosotros tu reino; hágase tu voluntad, en la tierra como en el cielo. Danos hoy nuestro pan de cada día; perdona nuestras ofensas, como también nosotros

perdonamos a los que nos ofenden; no nos dejes caer en la tentación, y líbranos del mal. Amén.

Dios te salve, María, llena eres de gracia, el Señor es contigo. Bendita tú eres entre todas las mujeres, y bendito es el fruto de tu vientre: Jesús. Santa María, Madre de Dios, ruega por nosotros, pecadores, ahora y en la hora de nuestra muerte. Amén.

Gloria al Padre, al Hijo y al Espíritu Santo. Como era en el principio, ahora y siempre, por los siglos de los siglos. Amén.

## DÍA OCTAVO

A mi familia le aqueja una gran pena, que quema como caliente arena. Un grave imprevisto trajo a mi hogar inquietud, amenazando con quebrantar la salud. Arrebata la paz como hiena. Te dedico esta novena, para pedirte Madre hermosa y llena de virtud, con sumisión y gratitud, nos liberes de esta condena, Estrella del mar, Divina Sirena. Te imploro actúes con prontitud, porque siento que el mundo se me viene encima como alud. Mirar tus ojos me hace sentir confianza plena, cualquier mata conviertes en hierbabuena.

Padre Nuestro, que estás en el cielo, santificado sea tu nombre; venga a nosotros tu reino; hágase tu voluntad, en la tierra como en el cielo. Danos hoy nuestro pan de cada día; perdona nuestras ofensas,

como también nosotros perdonamos a los que nos ofenden; no nos dejes caer en la tentación, y líbranos del mal. Amén.

Dios te salve, María, llena eres de gracia, el Señor es contigo. Bendita tú eres entre todas las mujeres, y bendito es el fruto de tu vientre: Jesús. Santa María, Madre de Dios, ruega por nosotros, pecadores, ahora y en la hora de nuestra muerte. Amén.

Gloria al Padre, al Hijo y al Espíritu Santo. Como era en el principio, ahora y siempre, por los siglos de los siglos. Amén.

## DÍA NOVENO

Me inclino hacia ti para implorar de una emergencia me vengas a salvar, vuelve hacia este hijo tuyo tus ojos consoladores y déjame abrigarme en tus brazos protectores. Amada Reina del cielo a tu siervo ven a ayudar. Prometo que estos favores jamás voy a olvidar, por medio de oraciones ser uno más de tus admiradores, haré lo que esté a mi alcance, para que mis pecados perdones. Tu existencia Madre pura, me viene a tranquilizar, porque bajo el cobijo de tu Sagrado Manto, nadie me podrá tocar.

Padre Nuestro, que estás en el cielo, santificado sea tu nombre; venga a nosotros tu reino; hágase tu voluntad, en la tierra como en el cielo. Danos hoy nuestro pan de cada día; perdona nuestras ofensas, como también nosotros

perdonamos a los que nos ofenden; no nos dejes caer en la tentación, y líbranos del mal. Amén.

Dios te salve, María, llena eres de gracia, el Señor es contigo. Bendita tú eres entre todas las mujeres, y bendito es el fruto de tu vientre: Jesús. Santa María, Madre de Dios, ruega por nosotros, pecadores, ahora y en la hora de nuestra muerte. Amén.

Gloria al Padre, al Hijo y al Espíritu Santo. Como era en el principio, ahora y siempre, por los siglos de los siglos. Amén.

## ORACIÓN FINAL

Tus brazos Virgen del Perpetuo Socorro nunca quiero perder, Divina Gracia déjame a ti siempre volver. Ángeles y Querubines entonan cantos noche y día, para alabarte Reina mía. Unas veces que no duermo y otras sin comer, por un problema difícil que no puedo resolver. Apiádate Señora de esta alma impía, te ruego me liberes de esta terrible agonía. Te ofrezco esta novena para dejar de padecer, porque sé que tú me escuchas, aunque no tenga nada que ofrecer. Bendita seas por siempre poderosa Virgen María.

Padre Nuestro, que estás en el cielo, santificado sea tu nombre; venga a nosotros tu reino; hágase tu voluntad, en la tierra como en el cielo. Danos hoy nuestro pan de cada día; perdona nuestras ofensas,

como también nosotros perdonamos a los que nos ofenden; no nos dejes caer en la tentación, y líbranos del mal. Amén.

Dios te salve, María, llena eres de gracia, el Señor es contigo. Bendita tú eres entre todas las mujeres, y bendito es el fruto de tu vientre: Jesús. Santa María, Madre de Dios, ruega por nosotros, pecadores, ahora y en la hora de nuestra muerte. Amén.

Gloria al Padre, al Hijo y al Espíritu Santo. Como era en el principio, ahora y siempre, por los siglos de los siglos. Amén.

Papá Dios: que tu sabiduría nos guíe; que tu luz ilumine nuestro camino; que tu amor nos de paz; que tu poder nos proteja, y que por donde quiera que caminemos, tu presencia nos acompañe. Gracias Papá Dios que ya nos oíste. Amén.